LA GLOIRE
DE
LA FRANCE

N° 5. — Prix : 1 fr. 50

ÉMILE-PAUL, Libraire
100, RUE DU FAUBOURG-SAINT-HONORÉ, PARIS

La Marseillaise

Elle est née à Strasbourg, en terre gauloise, d'un cri d'amour pour les opprimés et de haine contre les tyrans.

Elle est venue à Marseille, tremper le bord de ses ailes dans la Méditerranée miraculeuse, dont l'écume enfanta Kypris Aprodité, la Beauté, et dont le glauque azur resplendit aux yeux de Pallas Athéné, la Raison.

Elle a été baptisée à Paris, où flambe l'âme du monde nouveau.

Elle s'est promenée à travers toute l'Europe en y semant l'Évangile des Droits de l'Homme.

Elle est l'hymne de guerre qui rallie tous les civilisés des deux hémisphères à la dernière croisade afin d'anéantir les derniers barbares.

Elle sera l'hymne de triomphe, le *Magnificat* de justice, de lumière et de liberté, que l'humanité chantera, au bout de sa marche à l'Etoile, quand elle entrera dans le Paradis reconquis, par la suprême victoire ouvrant pour toujours la porte de la paix.

Au jour où la terre mourra dans le ciel, parmi toutes les chansons de toute sa vie, qu'elle se rappellera pour bercer son agonie grandiose, l'air et les paroles qui lui remueront le plus tendrement le cœur, c'est toi qui les lui souffleras, *Marseillaise*, et ainsi le ciel lui-même les propagera encore jusqu'au fond de l'éternité.

Jean **RICHEPIN**
de l'Académie Française.

THE MARSEILLAISE — **LA MARSEILLAISE** — LA MARSIGLIESE
A MARSELHEZA — DIE MARSEILLAISE — LA MARSELESA — Ὁ ΜΑΣΣΑΛΙΩΤΙΚΟΣ ΥΜΝΟΣ

(Avec autorisation spéciale de la maison Bulloz, Paris.)

1. Bas-relief de Rude (Arc de Triomphe de l'Étoile, Paris) — Rude's bas-relief on the Arc de Triomphe of Paris — Bassorilievo di Rude (Arco trionfale dell' Étoile a Parigi) — Baixo-relevo de Rude (Arco de Triumpho da Étoile, Paris) — Basrelief von Rude (Triumphbogen der Étoile zu Paris) — Bajo relieve de Rude (Arco de Triunfo de la Estrella, Paris) — Ἀνάγλυφον τοῦ Ρύντ. (Θριαμβευτικόν Μνημεῖον τοῦ Ἐτσάλ, Παρίσιοι)

A MARSELHEZA	THE MARSEILLAISE	**LA MARSEILLAISE**	LA MARSIGLIESE	
	DIE MARSEILLAISE	LA MARSELLESA	Ο ΜΑΣΣΑΛΙΩΤΙΚΟΣ ΥΜΝΟΣ	

partant toutes au même signal, ouvraient la bataille par la Marseillaise; elles la jouèrent plusieurs fois, et, dans les moments d'intervalles où les rafales effroyables du bruit des canons faisaient quelque trêve, on entendait l'hymne sacré. La rage de l'artillerie ne pouvait étouffer entièrement l'air sublime des guerres fraternelles. Le cœur du jeune homme, saisi de cette douceur inattendue, faillit lui manquer. L'artillerie ne lui faisait rien : la musique le vainquit. C'était, comment le méconnaître : c'était l'armée de la Justice, venant rendre au monde ses droits oubliés, la Fraternité elle-même venant délivrer ses ennemis, et, pour leurs boulets, leur offrant les bienfaits de la Liberté ».

(MICHELET.)

« Un Belge, vieillard vénérable de Jemmapes, qui, seul de tout le pays, tout le monde étant en fuite, resta et vit la bataille des hauteurs voisines, nous a dit l'ineffaçable impression qu'il a conservée. Au moment où nos colonnes se mirent en mouvement, où le brouillard de novembre, commençant à se lever, découvrit l'armée française, un grand concert d'instruments se fit entendre, une musique grave, imposante, remplit la vallée, monta aux collines, une harmonie majestueuse semblait marcher devant la France. Les musiques de nos brigades,

(Avec autorisation spéciale de la maison Goupil, Paris.)

1. Rouget de l'Isle chantant pour la première fois la *Marseillaise* chez Dietrich, maire de Strasbourg (Tableau de Pils) — Rouget de l'Isle, composer of the Marseillaise, singing his hymn for the first time at Mr. Dietrich's, the Mayor of Strassburg (picture by Pils) — Rouget de l'Isle canta per la prima volta la Marsigliese in casa di Dietrich sindaco di Strasburgo (Quadro di Pils) — Rouget de l'Isle cantando pela primeira vez a Marselheza em casa do Dietrich, maire de Strasbourg (Quadro de Pils) — Rouget de l'Isle singt zum ersten Mal die Marseillaise bei Dietrich, dem Bürgermeister von Strassburg (Gemälde von Pils) — Rouget de l'Isle cantando por primera vez la Marsellesa en casa de Dietrich, alcalde de Estrasburgo (Cuadro de Pils) — Ὁ Ῥουζὲ ντὲ Λίλ ποῦ τραγουδεῖ διὰ τὴν πρώτη φορὰ τὸ Μασσαλιωτικὸν Ὕμνον στὸν Ντιτρίχ, Δήμαρχον τοῦ Στρασμπούργα (Ζωγραφία τοῦ Πίλς). **2.** La Marseillaise (Gustave Doré) — The Marseillaise (Gustave Doré) — La Marsigliese (Gustave Doré) — A Marselheza (Gustave Doré) — Die Marseillaise (Gustave Doré) — La Marselsea (Gustavo Doré) — Ὁ μασσαλιωτικὸς ὕμνος, ἰχνογραφία τοῦ Γ. Ντορέ.

THE ORIGIN OF THE MARSEILLAISE **LA NAISSANCE DE LA MARSEILLAISE** LA NASCITA DELLA MARSIGLIESE
O MASCIMENTO DA MARSELHEZA   DIE GEBURT DER MARSEILLAISE   EL NACIMIENTO DE LA MARSELLESA   Ἡ γένεσις τοῦ Μασσαλιωτικοῦ Ὕμνου

1. Rouget de l'Isle (David d'Angers) — Ὁ Ρουζὲ ντὲ Λίλ, ἀνάγλυφον τοῦ Δαυὶδ ντ' Ἀνζέ. — **2.** Dietrich, maire de Strasbourg — Mr. Dietrich. Mayor of Strassburg — Dietrich, sindaco di Strasburgo — Dietrich, maire do Strasbourg. — Dietrich, Bürgermeister von Strassburg — Dietrich, alcalde de Estrasburgo — Ὁ Ντίτριχ, δήμαρχος τοῦ Στρασμπούργκ. — **4.** Maison où Rouget de l'Isle composa la Marseillaise — The house where Rouget de l'Isle improvised the Marseillaise — Casa dove Rouget de l'Isle compose la Marsigliese — Casa onde Rouget de l'Isle compoz a Marselheza — Das Haus, in dem Rouget de l'Isle die Marseillaise komponierte — Casa donde Rouget de l'Isle compuso la Marsellesa — Τὸ σπίτι ὅπου ὁ Ρουζὲ ντὲ Λὶλ συνέγραψε τὸ Μασσαλιωτικὸν Ὕμνο. — **5.** Rouget de l'Isle composant la Marseillaise — Rouget de l'Isle improvising the Marseillaise — Rouget de l'Isle sta componendo la Marsigliese — The Marseillaise — Rouget de l'Isle komponiert die Marseillaise — Rouget de l'Isle componiendo la Marsellesa — Ὁ Ρουζὲ ντὲ Λίλ, ἐνῶ συνθέτει τὸ Μασσαλιωτικὸν Ὕμνο.

THE FIRST VICTORY OF THE MARSEILLAISE
A PRIMEIRA VICTORIA DA MARSELHEZA
LA PRIMERA VICTORIA DE LA MARSELLESA

LA PREMIÈRE VICTOIRE
DE LA MARSEILLAISE

LA PRIMA VITTORIA DELLA MARSIGLIESE
DER ERSTE SIEG DER MARSEILLAISE
Η ΠΡΩΤΗ ΝΙΚΗ ΤΟΥ ΜΑΣΣΑΛΙΩΤΙΚΟΥ ΎΜΝΟΥ

2. Le général Dumouriez commandant en chef l'armée française à Jemmapes — General Dumouriez — Il generale Dumouriez — O general Dumouriez — Ὁ Στρατηγὸς Ντυμουριέ, Ἀρχιστράτηγος τοῦ γαλλικοῦ στρατοῦ εἰς Ζεμμάπες. — **1.** Le duc d'Orléans qui se distingua au premier rang de l'armée républicaine — The Duke of Orléans — Il duca d'Orléans che si distinse nell'esercito repubblicano — O duque d'Orléans — Der Herzog von Orléans der sich an der Spitze der republikanischen Armee auszeichnete — Ὁ Δοὺξ τοῦ Ὀρλεανοῦ ποὺ διεκρίθη στὴν πρώτη γραμμὴν τοῦ δημοκρατικοῦ στρατοῦ — **3.** Les troupes républicaines courant à l'assaut (l'estampe de Bellangé) — The republican army et Jemmapes — Le truppe repubblicane all'assalto (Stampa di Bellangé) — Die republikanischen Truppen gehen zum Sturmangriff vor (Kupferstich von Bellangé) — Las tropas republicanas corriendo al asalto (Estampa de Bellangé) — Τὰ δημοκρατικὰ στρατεύματα ποὺ τρέχουνε στὴν ἔφοδο (Χαλκογράφημα τοῦ Μπελλανζέ).

1. Choisy-le-Roi : Maison où mourut Rouget de l'Isle — The house where Rouget de l'Isle died — Casa nella quale morì Rouget de l'Isle — Casa onde morreu Rouget de l'Isle — Das Haus, in dem Rouget de l'Isle gestorben ist — Casa donde falleció Rouget de l'Isle — Σοαἶυ-λι-Ροά· Τὸ σπίτι ὅπου πέθανε ὁ 'Ρουζὲ ντὲ Λίλ. — 2. Acte de décès de Rouget de l'Isle — Rouget de l'Isle's death certificate — Atto di decesso di Rouget de l'Isle — Certidão de obito de Rouget de l'Isle — Sterbeurkunde über Rouget de l'Isle — Acta de defunción de Rouget de l'Isle — Τὸ πιστοποιητικόν ἀποβιώσεως τοῦ 'Ρουζὲ ντὲ Λίλ. — 3. Choisy-le-Roi : Statue de Rouget de l'Isle — Statue to Rouget de l'Isle — Statua di Rouget de l'Isle — Statua de Rouget de L'Isle — Choisy-le-Roi : Standbild von Rouget de l'Isle — Estatua de Rouget de l'Isle — Σοαἶυ-λι-Ροά· Ἄγαλμα τοῦ 'Ρουζὲ ντὲ Λίλ. — 4. Le premier tombeau de Rouget de l'Isle — Rouget de l'Isle's first burial-place — La 1ª tomba di Rouget de l'Isle — O primeiro tumulo de Rouget de l'Isle — Das erste Grab Rougets' de l'Isle — La primera tumba de Rouget de l'Isle — 'Ο πρῶτος τάφος τοῦ 'Ρουζὲ ντὲ Λίλ. — 5. Son second tombeau — His second burial-place — La sua 2ª tomba — O seu segundo tumulo — Sein zweites Grab — Su segunda tumba — 'Η δεύτερος τάφος τοῦ 'Ρουζὲ ντὲ Λίλ.

ROUGET DE L'ISLE AT THE INVALIDES **ROUGET DE L'ISLE AUX INVALIDES** ROUGET DE L'ISLE AL PALAZZO DEGLI «INVALIDES»
ROUGET DE L'ISLE NOS INVALIDOS ROUGET DE L'ISLE IM INVALIDENDOM ROUGET DE L'ISLE EN LOS INVALIDOS
Ο ΡΟΥΖΕ ΝΤΕ ΛΙΛ ΣΤΟΥΣ ΠΑΡΙΣΙΝΟΥΣ ΑΠΟΜΑΧΟΥΣ

1-3-5. Translation des cendres de Rouget de l'Isle (14 juillet 1915) — Transferring Rouget de l'Isle's remains — Traslazione delle Ceneri di Rouget de l'Isle — Trasladação das cinzas de Rouget de l'Isle — Überführung der Asche Rouget's de l'Isle — Traslado de las cenizas de Rouget de l'Isle — Μετακόμισις τῶν ὀστῶν τοῦ Ρουζὲ ντὲ Λίλ. — **2-6.** Affiches de la cérémonie — Bill-posters of the ceremony — Avvisi della cerimonia — Cartazes da cerimonia — Offentliche Anschläge betr. die Feier — Carteles de la ceremonia — Προγράμματα τῆς τελετῆς. — **4.** Acte d'exhumation des cendres de Rouget de l'Isle — The deed of exhumation of Rouget de l'Isle — Atto di esumazione di Rouget de l'Isle — Certidão de exhumação de Rouget de l'Isle — Aushebung der sterblichen Überreste Rouget's de l'Isle — Acto de exhumación de Rouget de l'Isle — Τὸ πιστοποιητικὸν ἐκταφῆς τῶν ὀστῶν τοῦ Ρουζὲ ντὲ Λίλ.

THE MARSEILLAISE IN ART — **LA MARSEILLAISE DANS L'ART** — LA MARSIGLIESE NELL' ARTE
A MARSELHEZA NA ARTE — DIE MARSEILLAISE N DER KUNST — LA MARSELLESA EN EL ARTE — Ὁ Μασσαλιωτικὸς Ὕμνος καὶ ἡ καλλιτεχνία

1. Dessin de Charley — Drawing by Charlet — Disegno di Charlet — Desenho de Charlet — Zeichnung von Charlet — Dibujo de Charlet — Ἰχνογραφία τοῦ Σαρλαί. — 2. Estampe de l'époque révolutionnaire — Engraving of the revolutionary period — Stampa dell' epoca della Rivoluzione — Estampas da Epoca Revolucionaria — Kupferstich aus der Revolutionszeit — Estampa de la época Revolucionaria — Χαλκογράφημα ἀπ'τὴν ἐπαναστατικὴν ἐποχή. — 3. Lithographie de l'époque romantique — Lithograph of the Romantic period — Litografia dell' epoca romantica — Lithographia da Epoca Romantica. — Steindruck aus dem romantischen Zeitalter — Litografia de la época romántica — Λιθογραφία ἀπ'τὴ ῥομαντικὴν ἐποχή.

105

THE MARSEILLAISE DURING THE SECOND REPUBLIC — **LA MARSEILLAISE SOUS LA IIᵉ RÉPUBLIQUE** — LA MARSIGLIESE SOTTO LA 2ᵃ REPUBBLICA
A MARSELHEZA NA SEGUNDA REPUBLICA — DIE MARSEILLAISE UNTER DER II REPUBLIK
LA MARSELLESA BAJO LA 2ª REPUBLICA — Ὁ ΜΑΣΣΑΛΙΩΤΙΚΟΣ ῩΜΝΟΣ ΕΠΙ ΔΕΥΤΕΡΑΣ ΔΗΜΟΚΡΑΤΙΑΣ

1. 31 juillet 1830: Louis-Philippe se rend à l'Hôtel de Ville aux accents de la Marseillaise — July 31, 1830. Louis-Philippe on his way to the Hôtel de Ville to the tunes of the Marseillaise — Il 31 luglio 1830: Luigi-Filippo si reca al Municipio ai Parigi ai accenti della Marsigliese — O 31 de Julho de 1830. Luiz Philippe dirige-se ao « Hotel de Ville » aos accordas da Marselheza — Am 31. juli 1830. Louis-Philippe begibt sich unter den Klängen der Marseillaise in's Stadthaus — El 31 de julio: A los acentos de la Marsellesa, Louis-Philippe se dirige al ayuntamiento — Τὴν 31 Ἰουλίου 1830· ὁ Λουδοβίκος-Φίλιππος πηγαίνει στὸ παρισινὸ δημαρχεῖον ὑπὸ τὶς φωνὲς τοῦ Μασσαλιωτικοῦ Ὕμνου. **2-3-4.** Estampes de l'époque — Engravings of the period — Stampe dell'epoca — Estampas da epoca — Kupferstiche aus jener Zeit — Estampas de la época — Χαλκογραφήματα τῆς ἐποχῆς ἐκείνης.

| THE MARSELLAISE IN ART | **LA MARSEILLAISE DANS L'ART** | LA MARSIGLIESE NELL' ARTE |
| A MARSELHEZA NA ARTE | DIE MARSEILLAISE IN DER KUNST | LA MARSELLESA EN EL ARTE | Ὁ Μασσαλιωτικός Ὕμνος καὶ ἡ καλλιτεχνία |

Avec autorisation spéciale de la Maison Helieu, Paris.

La Marseillaise (Étude de Bernard Naudin) — La Marseillaise (Study by Bernard Naudin) — La Marsigliese (Studio d Bernard Naudin) — A Marselheza (Estudo de Bernard Naudin) — Die Marseillaise (Eine Studie von Bernard Naudin) — La Marsellesa (Estudio de Bernard Naudin) — Ὁ Μασσαλιωτικός Ὕμνος (Σχέδιον τοῦ Νωντέν).

107

La Marseillaise écrite de la main de Rouget de l'Isle deux ans avant sa mort — The Marseillaise written in Rouget de l'Isle's hand two years before his death — La Marsigliese scritta del proprio pugno di Rouget de l'Isle due anni prima di morire — A Marselheza escripta pela mão de Rouget de l'Isle a annos

LA MARSELLESA   LA MARSIGLIESE   Ὁ ΜΑΣΣΑΛΙΩΤΙΚΟΣ ὝΜΝΟΣ

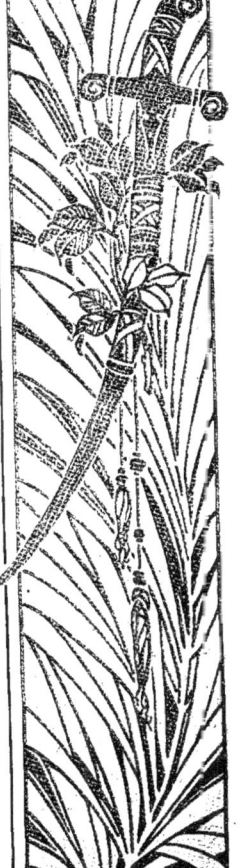

Tremblez, tyrans! et vous, perfides,
L'opprobre de tous les partis,
Tremblez, vos projets parricides
Vont enfin recevoir leur prix.
Tout est soldat pour vous combattre.
S'ils tombent, nos jeunes héros,
La terre en produit de nouveaux
Contre vous tout prêts à se battre
Aux armes, citoyens! formez &c.

Français! en guerriers magnanimes
Portez, ou retenez vos coups:
Épargnez ces tristes victimes
À regret s'armant contre nous.
Mais le despote sanguinaire,
Mais les complices de Bouillé,
Tous ces tigres qui sans pitié
Déchirent le sein de leur mère......
aux armes, citoyens!....&c.

Amour sacré de la patrie,
Conduis, soutiens nos bras vengeurs.
Liberté! Liberté chérie,
Combats avec tes défenseurs.
Sous nos drapeaux que la victoire
accoure à tes mâles accents;
que tes ennemis expirants
voient ton triomphe et notre gloire.
aux armes, citoyens! formez vos bataillons;
marchez, qu'un sang impur abreuve nos sillons.

G. PRIOU

antes de sua morte — Die Marseillaise geschrieben von der Hand Rouget's de l'Isle 2 Jahre vor seinem Tode — La Marsellesa escrita por la mano de Rouget de l'Isle 2 años antes de su muerte — Ὁ Μασσαλιωτικὸς Ὕμνος· ποῦ ἐν ἐγραψε ἀπὸ τὸ χέρι αὐτοῦνος ὁ Ρουζὲ ντὲ Λἴλ δυὸ ἔτη πρὶ νὰ πεθάνῃ.

| THE MARSEILLAISE IN 1870 | **LA MARSEILLAISE EN 1870** | LA MARSIGLIESE IN 1870 |
| A MARSELHEZA EM 1870 DIE MARSEILLAISE I. J. 1870 | LA MARSELLESA EN 1870 | Ο ΜΑΣΣΑΛΙΩΤΙΚΟΣ ΥΜΝΟΣ ΣΤΟ 1870 |

1-2-3. Dessins et images d'Epinal de l'époque — Popular prints of the period — Disegni ed immagini di Epinal dell' epoca — Desenho e imagens d'Epinal da epoca — Zeichnungen und Bilder aus Epinal aus jener Zeit — Dibujos y cromos de Epinal de la época — Ἰχνογραφίες καὶ Ἐπινάλιες εἰκονογραφίες ἀπ' τὴν αὐτὴν ἐποχή. — **4.** La garde mobile part en campagne en chantant la Marseillaise (août 1870) — The Mobile Guard leaves for battle singing the Marseillaise (août 1870) — La Guardia mobile parte in campagna cantando la Marsigliese (agosto 1870) — A Guarda movel parte para o campoha cantando a Marselheza (Agosto 1870) — Die Mobilgarde zieht ins Feld unter dem Gesang der Marseillaise (August 1870) — La Guardia Móvil va a la campaña cantando la Marsellesa (Agosto de 1870) — Ἡ κινητὴ ἐθνοφυλακή, ἀναχωροῦσα πρὸς τὴ στρατεία, τραγουδεῖ τὸ Μασσαλιωτικὸν Ὕμνο (Αὔγουστον 1870).

THE MARSEILLAISE DURING THE GREAT WAR — **LA MARSEILLAISE** — LA MARSIGLIESE DURANTE LA GRANDE GUERRA
A MARSELHEZA DURANTE A GRANDE GUERRA — **PENDANT LA GRANDE GUERRE** — DIE MARSEILLAISE WÄHREND DES GROSSEN KRIEGES
LA MARSELLESA DURANTE LA GRAN GUERRA — Ο ΜΑΣΣΑΛΙΩΤΙΚΟΣ ΥΜΝΟΣ ΣΤΟΝ ΚΑΙΡΟΝ ΤΟΥ ΜΕΓΑΛΟΥ ΠΟΛΕΜΟΥ

1. Le 2 août 1914, sur les boulevards, dans les gares, les mobilisés rejoignent avec enthousiasme leurs postes en chantant une fois de plus la Marseillaise — On August 2nd, 1914, the soldiers on the boulevards and in the stations on the way to the front singing the Marseillaise once again — Il 2 agosto 1914, sui viali, nelle stazioni, i mobilitati raggiungono loro posti con entusiasmo cantando una volta di più la Marsigliese — A 2 de Agosto de 1914 nos boulevards, nas estações, os mobilizados partem com enthusiasmo para os seus postos cantando ainda uma vez a Marselheza — Am 2. August 1914 eilten die zur Fahne Einberufenen auf den Boulevards, in den Bahnhöfen begeistert auf ihre Posten, indem sie von neuem die Marseillaise singen — El 2 de agosto de 1914 en los bulevares, en las estaciones, los movilizados se incorporan a sus regimientos con entusiasmo cantando una vez más la Marsellesa — Τῇ 2 Αὐγούστου 1914 στοὺς λεωφορούς, στοὺς σταθμοὺς οἱ ἔφεδροι τραγουδοῦν τό Μασσαλιωτικόν Ὕμνο.

THE MARSEILLAISE DURING THE GREAT WAR — LA MARSEILLAISE PENDANT LA GRANDE GUERRE — LA MARSIGLIESE DURANTE LA GRANDE GUERRA
A MARSELHEZA DURANTE A GRANDE GUERRA — DIE MARSEILLAISE WÄHREND DES GROSSEN KRIEGES
LA MARSELLESA DURANTE LA GRAN GUERRA — Ο ΜΑΣΣΑΛΙΩΤΙΚΟΣ ΥΜΝΟΣ ΣΤΟΝ ΚΑΙΡΟΝ ΤΟΥ ΜΕΓΑΛΟΥ ΠΟΛΕΜΟΥ

1. Au cours d'une fête patriotique aux Tuileries Mme Litvinne chante la Marseillaise — Mme Litvinne singing the Marseillaise — La signora Litvinne canta la Marsigliese — Im Verlauf eines patriotischen Festes singt Mme Litvinne die Marseillaise — Κατὰ τὴ διάρκεια μιᾶς στὰ Κεραμεῖα πατριωτικῆς ἑορτῆς, ἡ Κυρία Λιτβὶν τραγουδεῖ τὸ Μασσαλιωτικόν. — 2. Mlle Paola Frisch qui a chanté plusieurs centaines de fois la Marseillaise aux États-Unis — Mlle Paola Frisch who has been singing the Marseillaise some thousands of times — La signorina Paola Frisch che cantò a centinaia di volte la Marsigliese — Mlle Paola Frisch, die mehrere hundert Male die Marseillaise gesungen hat — Ἡ Δεσποινὶς Παῦλα Φρὶς ποὺ ἔχει τραγουδεῖ κάμποσες ἑκατοντάδες φορὲς τὸ Μασσαλιωτικόν Ὕμνο στὰς Ἡνωμένας Πολιτείας. — 3. Mlle M. Chenal vient de chanter la Marseillaise — Mlle Chenal who has just been singing the Marseillaise — La signorina Chenal che cantò la Marsigliese — Mlle M. Chenal hat soeben die Marseillaise gesungen — Mlle M. Chenal acaba de cantar la Marsellesa — Ἡ Δεσποινὶς Μ. Σενὰλ τραγουδοῦσε πρὸ ὀλίγου τὸ Μασσαλιωτικόν Ὕμνον κατὰ τὴ διάρκεια μιᾶς γαλλορρωσσικῆς τελετῆς. — 4. Mlle Mad. Roch déclamant la Marseillaise — Mlle Roch reciting the Marseillaise — La signorina Mad. Roch recita la Marsigliese — Mlle Mad. Roch deklamiert die Marseillaise — Ἡ Δεσποινὶς Μαγδ. Ρὸκ ἐκεῖ ποὺ ἐπαγγέλλει τὸ Μασσαλιωτικόν Ὕμνο.

| THE MARSEILLAISE IN ART | **LA MARSEILLAISE DANS L'ART** | LA MARSIGLIESE NELL' ARTE |
| A MARSELHEZA NA ARTE   DIE MARSEILLAISE IN DER KUNST   LA MARSELLESA EN EL ARTE | | Ὁ Μασσαλιωτικός Ὕμνος καὶ ἡ καλλιτεχνία |

(Avec autorisation spéciale de la Galerie des Beaux-Arts.)

La Marseillaise (2 août 1914) (Steinlen) — The Marseillaise (August 2 1914) (Steinlen) — La Marsigliese (2 agosto 1914) (Steinlen) — A Marselheza (2 de Agosto de 1914) (Steinlen) — Die Marseillaise (2. August 1914) (Steinlen) — La Marsellesa (2 de agosto de 1914) (Steinlen) — Ὁ Μασσαλιωτικός Ὕμνος (2 Αὐγούστου 1914) (Ἰχνογραφία τοῦ Στενλέν).

| THE MARSEILLAISE IN ART | **LA MARSEILLAISE DANS L'ART** | LA MARSIGLIESE NELL' ARTE |
| A MARSELHEZA NA ARTE | DIE MARSEILLAISE IN DER KUNST | LA MARSELLESA EN EL ARTE | Ὁ Μασσαλιωτικός Ὕμνος καὶ ἡ καλλιτεχνία |

(Avec autorisation spéciale de la Galerie des Beaux-Arts, Paris.)

LA MARSEILLAISE ET LES ARTISTES

Du jour où le chant héroïque de la Liberté prit son essor, par la voix de Rouget de l'Isle, chez le maire de Strasbourg, sa flamme rayonna à travers le peuple, imprégnant les cœurs les plus simples, inspirant les rêves les plus subtils. Son appel impétueux vint frapper au front des poètes et des artistes. Alors, selon les penchants profonds de leur caractère et en accord avec les fluctuations des époques et des circonstances, ils donnèrent à la Marseillaise toutes les figures successives que la Liberté prenait dans l'espérance tourmentée de la nation.

Marseillaise calme et victorieuse menant les Sans-Culottes à la conquête des trônes, Marseillaise sereine planant parmi les allégories de l'idéal, Marseillaise des rues et des faubourgs

cherchant encore son destin au milieu des misères, Marseillaise affamée hurlant sans fin sa volonté malgré les coups et les rires, au-dessus de la foule des dos courbés.

Toutes ces formes de la foi éternelle en la liberté humaine, les artistes, depuis un siècle, les ont fait vivre devant nous. Quand on les regarde toutes ensemble, on s'aperçoit que la Marseillaise n'est point une divinité impassible, attendant, immobile, dans l'empirée, que les hommes viennent à elle. Elle s'en va, au cours de l'histoire, pareille aux hommes, portant sur ses traits et dans ses gestes l'expression impérieuse de tous leurs soucis. Elle est la conductrice douloureuse des difficiles étapes du monde. Se confondant désormais avec l'image de la France, tous les peuples la regardent et la suivent. Ils répètent ce qu'elle dit; ils chantent ce qu'elle chante et la marche à l'avenir se règle sur son pas. Aujourd'hui plus que jamais, elle avance, ses yeux ardents fixés sur l'horizon fumeux; aujourd'hui plus que jamais l'écho de sa voix retentit irrésistiblement jusque dans les plus lointains recoins de l'univers.

1. La Marseillaise par Steinlen — The Marseillaise by Steinlen — La Marsigliese, da Steinlen — A Marselheza por Steinlen — Die Marseillaise von Steinlen — La Marselesa por Steinlen — Ὁ Μασσαλιωτικός Ὕμνος (ἰχνογραφία τοῦ Στενλέν). — 2. La Marseillaise, par H. de Groux — The Marseillaise by Henry de Groux — La Marsigliese, da H. de Groux — A Marselheza por H. de Groux — Die Marseillaise von H. de Groux — La Marsellesa por H. de Groux — Ὁ Μασσαλιωτικός Ὕμνος (ἰχνογραφία τοῦ Ντὰ Γκρού). — 3. La Marseillaise (plafond de Schommer) — The Marseillaise (ceiling by Schommer) — La Marsigliese (soffitto di Schommer) — A Marselheza (« plafond » de Schommer) — Die Marseillaise (Deckengemälde von Schommer) — La Marsellesa (techo de Schommer) — Ὁ Μασσαλιωτικός Ὕμνος (Ταβάνι τοῦ Σομμέρ).

A ARTE POPULAR   POPULAR ART   **L'ART POPULAIRE**   L'ARTE POPOLARE
     DIE VOLKSKUNST   EL ARTE POPULAR   Η ΔΗΜΟΤΙΚΗ ΚΑΛΛΙΤΕΧΝΙΑ

1. Chanson populaire (1880) — A popular song (1880) — Canzone popolare (1880) — Canção popular (1880) — Volkslied (1880) — Canción popular (1880) — Δημοτικόν τραγούδι (1880). — **2.** Médaille (1915) — A Medal (1915) — Medaglia (1915) — Medalha (1915) — Denkmünze (1915) — Medalla (1915) — Μετάλλιον (1915). — **3.** Carte postale (1917) — A post-card (1917) — Cartolina postale (1917) — Bilhete postal (1917) — Postkarte (1917) — Tarjeta postal (1917) — Ταχυδρομικό δελτάριο (1917). — **4.** Estampe revolutionnaire — A revolutionary print — Stampa dell'epoca della rivoluzione — Estampa revolucionaria — Kupferstich aus der Revolution — Estampa revolucionaria — Χαλκογράφημα ἀπ' τὴν ἐπαναστατικὴν ἐποχή. — **5.** Affiche (1916) — A poster (1916) — Manifesti (1916) — Cartazes (1916) — Plakat (1916) — Cartel (1916) — Τοιχοκόλλημα (1916).

115

THE MARSEILLAISE IN THE GREAT WAR   **LA MARSEILLAISE**   LA MARSIGLIESE DURANTE LA GRANDE GUERRA
A MARSELHEZA DURANTE A GRANDE GUERRA **PENDANT LA GRANDE GUERRE** DIE MARSEILLAISE WÄHREND DES GROSSEN KRIEGES
LA MARSELLESA DURANTE LA GRAN GUERRA   Ὁ ΜΑΣΣΑΛΙΩΤΙΚΟΣ ὝΜΝΟΣ ΚΑΙ Ὁ ΠΟΛΕΜΟΣ

1. Enfants d'une école alsacienne chantant la Marseillaise au cours d'une distribution des prix (1916) — Children in an Alsatian school singing the Marseillaise during a distribution of prizes (1916) — Ragazzi di una scuola alsaziana che cantano la Marsigliese in una distribuzione di premi (1916) — Crianças de uma escola alsaciana cantando a Marselheza numa distribuição de prémios (1916) — Kinder einer elsässischen Schule singen die Marseillaise anlässlich einer Preisverteilung (1916) — Niños de una escuela alsaciana cantando la Marsellesa durante una distribución de premios (1916) — Παιδάκια ἑνὸς ἀλσατικοῦ σχολείου ποῦ τραγουδοῦνε τὸ Μασσαλιωτικὸν Ὕμνον κατὰ τὴ διανομὴ ν τῶν βραβείων (1916). — **2.** Grands blessés français rapatriés et reçus en Suisse aux accents de la Marseillaise — Heavily wounded french soldiers repatriated and received in Switzerland to the sounds of the Marseillaise — Grandi feriti francesi rimpatriati ricevuti in Isvizzera ai accenti della Marsigliese — Grandes feridos franceses repatriados e recebidos na Suissa ao som da Marselheza — Schwerverwundete französische Soldaten auf der Heimreise werden in der Schweiz unter den Klängen der Marseillaise empfangen — Heridos franceses repatriados y recibidos en Suiza a los acentos de la Marsellesa — Ἀποδέχονται στὴν Ἑλβετίαν τοὺς γαλλικοὺς ἀπομάχους μὲ τὸν Μασσαλιωτικὸν ὕμνον.

110

THE « CHANT DU DÉPART »
O « CANTO DA PARTIDA »
EL « CHANT DU DÉPART »

LE CHANT DU DÉPART

II. « CHANT DU DÉPART »
DER AUSZUGS-GESANG
ΤΟ ΤΡΑΓΟΥΔΙ ΤΗΣ ΑΝΑΧΩΡΗΣΕΩΣ

(Avec autorisation spéciale de la maison Goupil, Paris.)

1. Méhul, auteur de la musique du « Chant du Départ » — Méhul, composer of the « Chant de Départ » — Mehul, autore della musica del « Chant du Départ » — Mehul, autor da musica o « Canto da Partida » — Mehul, der Komponist des Auszugs-Gesangs — Mehul, autor de la música del « Chant du Départ » — Ὁ Μεχύλ, ποῦ μελοποίησε τὸ τραγοῦδι τῆς ἀναχωρήσεως. — **2.** Estampe populaire — Popular print — Stampa popolare — Estampa popular — Volkstümlicher Kupferstich — Estampa popular — Δημοσιον Χαλκογράφημα. — **3.** M. J. Chenier, auteur des paroles du « Chant du Départ » — M.-J. Chenier, author of the words for the « Chant de Départ » — M.-J. Chenier, autore delle parole del « Chant du Départ » — O sr. J. Chenier, autor das palavras do Canto da Partida — H. J. Chenier, der Dichter des Auszugs-Gesangs — M. J. Chenier, autor de la letra del « Chant du Départ » — Ὁ Μ. Ἰ. Σενιέ, ὁ ποιητὴς τοῦ τραγουδίου τῆς ἀναχωρήσεως. — **4.** Le Chant du Départ (Gustave Doré) — The « Chant du Départ » (Gustave Doré) — Il « Chant du Départ » (Gustave Doré) — O Canto da Partida (Gustavo Doré) — Der Auszugs-Gesang (Gustave Doré) — El « Chant du Départ » (Gustavo Doré) — Τὸ τραγοῦδι τῆς ἀναχωρήσεως (ἰχνογραφία τοῦ Γ. Ντορέ).

A GREAT COMMANDER UN GRAND CHEF UN GRAN CAPO
UM GRANDE CHEFE EIN GROSSER HEERFÜHRER UN GRAN JEFE ἙΝΑΣ ΜΕΓΑΛΟΣ ΑΡΧΗΓΟΣ

Le général Foch, commandant en chef des armées alliées du front occidental dans son cabinet de travail — General Foch, commander in chief of the allied armies of the Western front in his study — Il generale Foch, comandante supremo delle armate alleate del fronte occidentale nello suo studio — O general Foch, commandante em chefe dos exercitos alliados do frente occidental no seu cabinete de trabalho — General Foch, Oberst-Kommandierender der Verbündeten Armeen in seinem Arbeitszimmer — El general Foch, comandante en jefe de los Ejércitos Aliados del frente occidental en su gabinete de trabajo — Ὁ Στρατηγὸς Φώς, ἀρχιστράτηγος τῶν ἐν τῷ δυτικῷ μετώπῳ συμμαχικῶν στρατῶν στὸ γραφεῖον τοῦ.

ON THE FRENCH — SUR LE FRONT DE FRANCE — SULLA FRONTE FRANCESE
NO FRONT DE FRANÇA — AUF DER FRANZÖSISCHEN FRONT — EN EL FRENTE DE FRANCIA — ΣΤΟ ΓΑΛΛΙΚΟ ΜΕΤΩΠΟ

1. M. Clemenceau, président du Conseil, visite une escadrille — M. Clemenceau, president of the French Counsel of Ministers, visiting a squadrilla — L'on. Clemenceau, presidente del Consiglio, va a visitare una squadriglia — O Sr. Clemenceau, présidente do Conselho visita uma esquadrilha — H. Clemenceau, Präsident des Ministerrats, besichtigt ein Fliegergeschwader — M. Clemenceau, Presidente del Consejo, visita una escuadrilla — 'Ο Κ. Κλεμανσού, πρωθυπουργός, ἐπισκέπτεται ἕνα στολίσκον ἀεροπλάνων. — 2. Le Président de la République accompagné du général Pétain remet des décorations — The President of the Republic accompanied by General Pétain distributing decorations — Il presidente della Repubblica in compagnia del generale Pétain consegna delle medaglie — O presidente da República acompanhado do General Pétain distribue condecorações — Der Präsident der Republik in Begleitung des Generals Pétain überreicht Ordensauszeichnungen — El Presidente de la República en compañía del general Pétain remite condecoraciones — 'Ο Πρόεδρος τῆς Δημοκρατίας, συνοδευόμενος ἀπ' τὸν Στρατηγόν Πεταίν, διανέμει παράσημα.

| AS HONRAS | HONOURS
EHRENBEZEUGUNGEN | AUX HONNEURS
AL HONOR | ALL'ONORE
ΟΙ ΗΡΩΕΣ ΤΙΜΕΙΟΥΝΤΑΙ |

1. Remise de la rosette d'officier de la Légion d'honneur au lieutenant Garros et de la croix de la Légion d'honneur au lieutenant Marchal — Presenting the insignia of officer of the Legion of Honour to Lieutenant Garros and the Cross of the Legion of Honour to Lieutenant Marchal — Il tenente Garros fregiato della Croce d'Ufficiale della Legion d'Onore; il tenente Marchal fregiato della Croce della Legion d'Onore — Entrega da Roseta de Oficial da Legião de Honra ao tenent Garros e da Cruz da Legião de Honra ao tenente Marchal — Überreichung der Rosette der Ehrenlegion an den Leutnant Garros und des Kreuzes der Ehrenlegion an den Leutnant Marchal — Entrega de la Roseta de Oficial de la Legión de Honor al Teniente Garros y de la Cruz de la Legión de Honor al Teniente Marchal — Ἀπονέμουνε τὸ σταυρὸν τῶν ἀξιωματικῶν τοῦ τάγματος τῆς τιμῆς στὸν ὑπολογαγὸ Γκαρρὸς καὶ τὸ σταυρὸν τοῦ ἱππότου στὸν ὑπολογαγὸ Μαρσάλ.

G. de Malherbe et C¹ᵉ
Imprimeurs.

www.ingramcontent.com/pod-product-compliance
Lightning Source LLC
Chambersburg PA
CBHW060628050426
42451CB00012B/2490